W0053446

Michael Kagan

Das Gebet Gottes

Michael Kagan

Das Gebet Gottes

Aus dem Englischen von Annette Nau

FREIBURG · BASEL · WIEN

MIX
Papier aus verantwor-
tungsvollen Quellen
FSC® C106847
www.fsc.org

© Verlag Herder GmbH, Freiburg im Breisgau 2012
Alle Rechte vorbehalten
www.herder.de

Umschlaggestaltung: Finken & Bumiller, Stuttgart

Satz: Dtp-Satzservice Peter Huber, Freiburg
Herstellung: fgb · freiburger graphische betriebe
www.fgb.de

Printed in Germany

ISBN 978-3-451-30413-2

Inhalt

Wenn Gott beten würde …

Möge es mir gelingen, dass meine Barmherzigkeit meinen Zorn übertrifft und dass mein Erbarmen den Sieg über meine anderen Eigenschaften davonträgt, damit ich meinen Kindern in Gnade begegnen kann.

Diese Vorstellung eines Gebets Gottes stammt von Abba Arika (Rab), einem berühmten Weisen, der 247 n. Chr. starb. Zitiert nach: Abraham Joshua Heschel, A Passion for Truth, Strauß & Giroux, New York 1973, S. 131.

Wer ist der Verfasser dieses Buches?

Ich kann mich noch gut an den Moment erinnern. Es war Winter. Meine Frau war im Ausland, bei einer Konferenz. Meine Kinder waren in der Schule. Ich war allein im Haus.

Ich begann mit meinem täglichen Ritual des Morgengebets. Mein regenbogenfarbener Gebetsschal lag um meine Schultern und hüllte mich ein in die *Schechina* (die göttliche „Gegenwart"). Die Lederbänder meiner *Teffilin* (Gebetsriemen) spannten sich eng um meine Haut, als eine physische Erinnerung an die Bindung Isaaks. (Die schwarzen Gebetskapseln auf meinem Kopf und an meinem linken Bizeps gleichen der Kaaba in Mekka, enthalten aber heilige Verse aus der Tora.) Das Buch mit den täglichen Psalmen, Glaubensbekenntnissen und Gebeten hielt ich in meiner Hand. Alles war bereit.

Plötzlich glaubte ich, eine Stimme zu hören: „Bereit?" Ich sparte mir die übliche Frage: „Wer bist du?" Außer mir war niemand im Haus. Ich war allein. Ich erinnerte mich an die Geschichte des Propheten Samuel. Doch ich war immer noch nicht bereit zu sagen: „Hier bin ich."

„Bereit?"

„Bereit zu was?"

„Bereit zu schreiben."

„Nein, ich bin nicht bereit zu schreiben. Ich wollte gerade mit meinem Morgengebet beginnen."

„Mach dich bereit zu schreiben!"

„Aber ich habe meine Tefillin angelegt. Es ist nicht angemessen zu schreiben."

„Schreib!!"

„Ich hab aber keinen Kugelschreiber."

„Nimm einen Bleistift!" (Bleistift? Was ist ein Bleistift?)

„Und was ist mit Papier?"

„Such welches!" Ich durchsuchte das Haus, bis ich schließlich ein paar leere Schulhefte meiner Kinder fand. Sie wissen, welche ich meine – knallbunte Umschläge und liniertes Papier.

„Bereit?" (Keine Ausreden mehr.)

„Bereit ..."

Und dann kamen die Worte und Sätze. Wie im Rausch schossen sie durch den Äther zu mir, durch einen Teil meines Gehirns, durch meinen Arm, hinunter zu meinen Fingern und zum Bleistift hinaus. Während der folgenden drei Tage füllte ich acht Schulhefte und erlernte von Neuem die Kunst des Bleistiftspitzens.

Was Sie im Folgenden lesen werden, ist mehr oder weniger das, was ich geschrieben habe. Seit dem Beginn des Computerzeitalters habe ich nicht mehr so viel von Hand geschrieben!

Ist dieses Werk mein eigenes? Kann ich einen Anspruch darauf erheben? Das ist eine Frage, die mich einige Zeit beschäftigt hat. Es ist ein inspirierter Text, mehr als das kreative Produkt meiner eigenen Bemühungen. Und ist nicht jede künstlerische Leistung teils Eingebung, teils (Neu-)Schöpfung? Und doch fühlt es sich in diesem Fall anders an. Als ich mein fast nicht zu entzifferndes

Gekritzel in meinen Computer tippte, habe ich die Worte und Gedanken kaum wiedererkannt. Ich soll das geschrieben haben? Nun, technisch gesehen habe ich es geschrieben, aber ich denke nicht, dass ich allein es verfasst habe. Belassen wir es also dabei: Michael Kagan hat es empfangen, niedergeschrieben, transkribiert und die Aufgabe auf sich genommen, es zu verbreiten.

Was Sie hier lesen werden, zeugt von Wut. Es zeugt von Schmerz, Enttäuschung und Trauer. Und dennoch ist es voller Liebe und Fürsorge. Voller Hoffnung und Freude. Voller Träume und Visionen. Es ist der kraftvolle Strom einer tiefen Liebe für diesen wunderschönen Planeten, den wir Erde nennen und der aufgrund unseres frevelhaften Verhaltens in großer Gefahr schwebt. Es richtet sich an gläubige Menschen, aber nicht ausschließlich. Es ist ein Appell an die Anhänger der abrahamitischen Religionen – Judentum, Christentum und Islam –, der Gefahr ins Auge zu sehen und zu begreifen, dass sie in diese Welt gesandt wurden, um miteinander zu arbeiten, nicht, um miteinander zu kämpfen; um sich gegenseitig zu ergänzen, nicht, um sich gegenseitig zu vernichten. Doch es trifft auch für jede andere der großen Traditionen zu, für alle Gläubigen und für alle, denen unsere Erde nicht gleichgültig ist.

Während ich im meditativen Gebet versunken war, näherte ich mich in einer Art Vision Gott – oder stellte mir vor, ich würde es tun –, und Gott weinte. Ich fragte: „Warum weinst du?" Und die Antwort lautete: „Ich habe die Welt auf vollkommene Weise unvollkommen geschaffen, damit euch die Ehre zuteil wird, sie zur Vollendung zu bringen. Und um euch zu helfen, habe ich euch durch meinen Lehrer Moses und den großen Leitfaden – die Tora – Anweisungen gegeben. Doch das hat nicht genügt, deshalb habe ich meinen Engel Gabriel gesandt, um meinem Propheten Mohammed die Botschaft zu überbringen. Und ich habe andere Propheten und andere Lehrer und andere Leitfäden geschickt. Und was tun sie? Sie töten einander, verbreiten Hass statt Liebe, säen Missklang statt Harmonie, Zerstörung statt Aufbau. Darum weine ich."

Wir haben also eine göttliche Aufgabe erhalten, wir tragen eine göttliche Verantwortung. Wir sollten uns lieber beeilen und mit dem Erfüllen dieser Aufgabe fortfahren.

Michael Kagan

Jerusalem, Neujahr, 5772 Jahre seit dem Anfang, 2011 Jahre seit der Geburt Jesu, 1432 Jahre seit der Hedschra.

Kinder *Adamas*

Meine Schöpfung schreit zu mir.
Sie leidet Schmerzen,
und die Schmerzen quälen sie.
Sie blutet.
Sie ist wie eine schwärende Wunde in mir.
Der Schrei der *Adama*[1]
ist an mein Ohr gedrungen.

Der Schrei –
der Pflanzen,
der Insekten,
der bedrohten Tierarten,
der Wälder,
der Steppen,
der Meere,
der Luft.

Ich höre ihren Schrei.

---

[1] *Adama* ist Hebräisch für „Erde" oder „Humus". *Adam* ist der
Mensch, der aus der Erde geboren wurde.

Wisset, ihr Kinder *Adamas*:
Ihr steht vor Gericht.

Was habt ihr getan?

Der Schrei –
der Hungernden,
der Verstümmelten,
der Missbrauchten,
der Versklavten,
der Armen,
der Hilflosen,
der Kinder,
der Einsamen,
der Vergifteten,
der Kranken,
der Ausgebeuteten.

Weh mir! Was habt ihr getan?

KINDER *ADAMAS*

Mein kostbarer Garten wurde geplündert.
Die Flüsse wurden umgeleitet,
die Obstgärten dem Erdboden gleichgemacht,
die Berge durchwühlt.
O Kinder *Adamas*, glaubt ihr,
das war meine Absicht?
Glaubt ihr, das erfüllt mich mit Freude?

Der Gestank brennender Bäume ...
Der Gestank brennenden Fleisches.

Wisst ihr denn nicht,
wie sehr sie mir am Herzen liegen?
Und dennoch wagt ihr es,
sie wie Opfer darzubieten!
Wie könnt ihr etwas darbieten,
das euch nicht gehört?
Ein gestohlenes Opfer ist nicht willkommen.

Glaubt ihr, ich weiß nichts?
Glaubt ihr, ich höre nichts?
Glaubt ihr, ich fühle nichts?

Kinder *Adamas*!
Ich habe euch so viel Wissen
über meine Wege gegeben.
Ihr könnt nicht behaupten, unwissend zu sein.
Wie viele Propheten braucht es noch?
Wie viele Schriften?
Wie viele Weisen?
Wie viele Bücher?
Wie viele Märtyrer?
Wie viele Heilige?
Wie viele Lehrer?
Wie viele Prediger?
Wie viele Wunder?
Wie viel Leiden?

Ihr könnt nicht so tun,
als wüsstet ihr nichts.
Ihr könnt nicht so tun,
als hätte ich euch nichts gesagt.

Wisset, ihr Kinder *Adamas*:
Wenn ihr von der Erde verschwindet,
wird niemand um euch trauern.

Die Vögel werden ihre unbeschwerten Lieder singen,
die Wälder werden nachwachsen,
die Meere sich erneuern
und Fische werden sie wieder bevölkern.

Die Geschöpfe, die ihr euch unterjocht habt,
werden leiden,
doch das ist das Schicksal der Unterjochten.

Nichts und niemand wird
über euer Dahinscheiden trauern.

Hört ihr das,
ihr falschen Könige und Königinnen?

Doch ich werde weinen.
Ihr seid meine Partner.
Ich liebe euch.

Wenn ihr nicht besteht,
bestehe auch ich nicht.
Doch die Welt wird weiterleben.

Ich habe so viel in euch investiert.
Um keines meiner Geschöpfe
habe ich mich mehr gekümmert
als um euch.

Ihr seid so zerbrechlich,
und ihr habt so großes Potenzial.
Mein Geist ist stark in euch.

Wir haben einander herausgefordert
und miteinander gerungen.
Doch ihr habt euren Bund vergessen,
ihr habt eure Rolle vergessen.

Ihr seid meine Partner,
doch ich bin euer Gott.

Wisset, ihr Kinder *Adamas*:
Wenn diese Erde beschließt euch auszuspeien,
werde ich keinen Einspruch erheben.
Ich werde mich nicht zur Wehr setzen.

Doch ich werde um euch trauern,
so wie ich schon jetzt um euch traure.
Ich werde euch vermissen,
so wie ich euch jetzt schon vermisse.
Nur ihr könnt euren Untergang verhindern.
Ihr müsst euch entscheiden.
Leben und Tod – in euren Händen.

Ich kann nicht mehr eingreifen.
Ich kann nur einen Warnruf ausstoßen.

Hört und erkennt:
Eure Freiheit, Schaden anzurichten,
war noch nie größer.
Gleichermaßen
war eure Freiheit, Gutes zu tun,
noch nie größer.

Wählt das Leben!

Euer Leben besteht aus „Was-wenn"-Fragen.
„Was, wenn wir das hier beenden? Was dann?"
„Was, wenn es nicht genug gibt? Was dann?"
„Was, wenn es zu viel gibt? Was dann?"
„Was, wenn es zur Neige geht? Was dann?"
„Was, wenn ich zu schwach bin? Was dann?"
„Was, wenn ich es nicht kann? Was dann?"
„Was, wenn ich versage? Was dann?"
„Was, wenn ich Erfolg habe? Was dann?"
„Was, wenn ich falsch liege? Was dann?"

Genug!
Es gibt genug.

Wisset, dass es genug gibt.
Wisset, dass ihr schon genug wisst.

Wisset, dass es
noch immer
genug von allem gibt.

Wisset, dass ich der Gott des Genugs bin.

Als der, der euch liebt,
mahne ich euch zur Umkehr.

Kehrt um und stellt euch der Wahrheit.
Kehrt um und stellt euch jenen,
die ihr verletzt habt.

Kehrt um und schaut ihnen in die Augen.
Kehrt um und schaut euch selbst in die Augen.
Kehrt um und schaut mir in die Augen.

Und seht!

Kinder Israels

Ich wende mein Gesicht den Kindern Israels zu:
O meine Kinder, meine Erstgeborenen,
ihr seid meiner zuerst gewahr geworden.

Ihr habt euren Glauben so treulich bekannt,
ihr gehorcht und hört.
Ihr haltet euch an meine Anweisungen,
ihr studiert meine Tora.

Jahrtausendelang habt ihr daran festgehalten.
Ich habe euch begleitet
durch die Feuer, durch die Prügel,
durch die engen Schluchten –
unter der Peitsche,
unter dem Stiefel,
unter dem Kreuz,
unter dem Knüppel,
unter dem Joch.

Vor langer Zeit habe ich eure Väter gewarnt,
dass der Weg lang und schmerzvoll sein würde,
dass er nicht einfach sein würde,
dass ihr auf die Probe gestellt werden würdet,
dass ihr leiden würdet,
doch dass ihr gebraucht werdet.

Ihr habt überlebt.
Ihr wurdet gut vorbereitet,
ihr habt ausreichend geübt,
ihr habt durchgehalten.
Doch es ist noch nicht vorbei.

Ihr habt meinen Sabbat bewahrt –
das Geheimnis des Sabbats.
Ihr habt ihn mit offenen Armen
empfangen und beschützt,
ihr habt mit ihm getanzt
und ihn geliebt.

Ihr habt seiner gedacht
und ihn gefeiert.
Ihr seid tatsächlich edel
und habt eine Pause,
einen Sabbat verdient.

Doch die Arbeit ist noch nicht getan,
es ist noch nicht vorbei.
Ihr wurdet verhöhnt und verleumdet,
ihr wurdet ausgegrenzt und verdrängt –
doch ihr habt überlebt.

Ich habe euch vor der Vernichtung bewahrt.
Ich bin nicht der Versuchung erlegen,
euch von eurem Elend zu erlösen,
als ihr euch vor Schmerzen gewunden habt.

Denn ich wusste,
dass ihr nicht sterben würdet,
nicht sterben könntet.

Jetzt seid ihr bereit.
Obgleich die Wunden noch nicht verheilt sind,
obgleich sich die Narben
noch nicht geschlossen haben,
obgleich der Geist noch immer leidet –
ihr müsst weitergehen.

Jetzt ist die Zeit gekommen,
auf die ich euch vorbereitet habe.
Glaubt ihr, es sei sinnlos gewesen?
Glaubt ihr, ich hätte vergessen?

Ihr seid durch die Feuer gegangen,
und nun ist die Zeit gekommen.
Ihr seid zu Hause,
aber es gibt keine Rast.

❦❦❦❦

O meine armen, zersprengten Kinder,
ihr seid so verwirrt.
Doch nun ist es Zeit für Klarheit.

O meine verbrannten, gezeichneten Kinder,
ihr seid so zornig.
Doch nun ist es Zeit für großes Mitgefühl.

O meine geschlagenen, gedemütigten Kinder,
ihr seid so aggressiv!
Doch nun ist es Zeit für Demut und Liebe.

Ihr lebt für den Sabbat, meine heilige Königin.
Sabbat ist Liebe, Lieben und Liebender.
Sabbat ist Gnade, Mitgefühl und Liebe.
Sabbat ist heilig, heilig, heilig!

Sabbat ist.

O heiliges Volk, die Zeit ist gekommen,
Sabbat zu leben!
O heiliges Volk, die Zeit ist gekommen,
Sabbat zu *sein*.

Löst euch von eurer Angst.
Löst euch von eurem Hass.
Löst euch von eurem Schmerz.
Löst euch von euren Rachegelüsten.
Löst euch von eurer Aggression.

Ihr wisst,
dass ihr nicht hier seid,
um dies oder jenes zu sein…
ihr müsst *anders* sein.

Ihr müsst im Herzen,
in der Liebe
und im Mitgefühl bleiben.

Ihr wisst.
Ihr kennt das Leid,
ihr kennt die Angst,
ihr kennt den Hass.

Lasst euch jetzt nicht verführen,
stürzt euch jetzt nicht ins Verderben,
fangt jetzt nicht an zu vergessen …
Lasst mich jetzt nicht im Stich.

Eure Zeit ist gekommen.
Nun wird alles einen Sinn ergeben …
die Vorbereitung, das Lernen, die Disziplin.

Nun hört und seht.
Glaubt ihr, es sei ein Scherz?
Glaubt ihr, es sei ein Zufall?
Glaubt ihr, es sei ein Missverständnis?
Nein, sage ich euch. Nein!

Euer Land ist der Mittelpunkt.
Euer Land ist die Brücke.
Euer Land ist der Schlüssel.

Euer Land ist der Osten des Westens,
der Westen des Ostens,
der Norden des Südens,
der Süden des Nordens.
Es ist die Mitte.

Es ist die Mitte der Erde,
der Grundpfeiler,
der Dreh- und Angelpunkt –
das Zentrum, der Urkeim,
das Auge des Wirbels.

Im Zentrum des Wirbels ist es ruhig.
Seid ruhig.
Wehrt euch nicht.
Denn wenn ihr euch wehrt,
zieht sich die Schlinge enger
und alles ist verloren.

KINDER ISRAELS

O meine treuen Kinder,
wisset, dass es meine Gebote waren,
die euch hierher gebracht haben,
doch nun können selbst sie nicht mehr helfen.

Ihr seid gewachsen und gereift,
ihr dürft jetzt keinen Schritt zurück machen.
Es ist eure gemeinsame Vergangenheit
und euer Schicksal,
die euch nun zusammenbringen müssen.

Seid ihr darauf vorbereitet,
dass ihr am Ende
umsonst gestorben sein werdet?

Ihr haltet einen Schlüssel in euren Händen,
benutzt ihn mit Bedacht.

Kleine Kinder sind nicht in der Lage,
so viel Macht auszuüben
und dennoch zu leben.
Es liegt nun in euren Händen.
Seid stark,
seid einig,
seid weise,
seid achtsam.

Vergesst nicht:
Ich habe euch durch die Dunkelheit geführt.
Kommt jetzt nicht zu Fall,
denn ihr seid wahrhaftig erhöht worden.

Und zu welchem Zweck?
Ihr müsst euer Geheimnis weitergeben.
Die Zeit dafür ist gekommen.

Kehrt um
und tretet den anderen Völkern gegenüber –
doch weder mit Hass
noch mit Rache,
weder mit Angst
noch mit Überheblichkeit.

Sondern mit Liebe,
Versöhnlichkeit
und Mitgefühl.

Denn welchen Sinn hat das alles,
wenn am Ende nichts bleibt als der Tod?

Glaubt ihr, ihr könnt überleben,
wenn ihr auf euch allein gestellt seid?
Dass ihr fortbesteht,
wenn ganz *Adama* stirbt?
Dass ihr ewig seid,
wenn alles andere vergänglich ist?

Das ist überheblich und eitel!

Ich frage euch – warum seid ihr hier?
Warum wurdet ihr so viele Jahre
auf die Probe gestellt?
Um wie die Sklaventreiber zu sein?
Die Machtgierigen?
Die Verführer?
Die Verführten?

Ist es das, was ihr glaubt?
Ist es das, was ihr euch wünscht?

Wenn es so ist, macht ihr mich zum Gespött.
Ihr verspottet die Toten.
Ihr verhöhnt meine Tora
und schändet meinen Sabbat.

Seid mutig und stark im Herzen.
Das Schwerste liegt noch vor euch.
Ihr glaubt, es sei schon vorbei?
Es hat eben erst begonnen!

Das Schwerste ist, nicht zu vergessen,
warum ihr hier seid.
Ihr seid die Mitte,
dazu habe ich euch auserwählt.
Denn ein Volk des Mittelwegs sollt ihr sein.

Eine Priesterschaft.
Ein heiliges Zentrum –
ein Zentrum des Gebets,
ein Zentrum des Segens,
ein Zentrum des Friedens.

KINDER ISRAELS

Nun hört:
Überheblich seid ihr geworden
und habt vergessen.
Die Macht ist zerstörerisch geworden ...
die Macht zerstört euch.

Aus den Tiefen der Dunkelheit
seid ihr emporgestiegen,
doch nun seid ihr fort.

Ihr wohnt nicht länger in euren Herzen,
ihr wohnt nicht länger in euren Köpfen.

Ihr herrscht mit dem Schwert.
Alles, was ihr gelernt habt,
ist wie vom Winde verweht.

Die „andere Seite"
hat euch gefangen genommen.
Das Netz wurde gesponnen,
und ihr seid hineingefallen.

Ihr verehrt falsche Götter.
Ihr habt das Zentrum vergessen.
Ihr habt mich vergessen.

❦❦❦❦

Glaubt ihr, das Land sei wichtiger?
Glaubt ihr, die Sicherheit komme vom Land?

Ihr, die ihr 2.000 Jahre
ohne ein Land überlebt habt,
glaubt jetzt, das Land
würde euch Sicherheit bieten?

Ihr habt Schande über meine Tora gebracht.
Ihr habt Schande über mich gebracht.

Das Land ist hier, sodass ihr zurückkehren
und eure Mission erfüllen könnt.
Ihr seid nicht zurückgekehrt,
um das Land zu retten.

Wer hat euch das gesagt?
Glaubt ihr, das Land brauche euch ...
die Umweltverschmutzung,
den Müll,
die Sündhaftigkeit?

KINDER ISRAELS

Gleich einer verlassenen Ehefrau
hat das Land auf euch gewartet.
Sie war treu.

Ihr habt so lange gebraucht!
Doch sie hat gewartet,
und ihr seid zurückgekehrt.
Ihr habt einander liebkost,
ihr habt sie befruchtet,
sie blühte auf.
Und es war gut, es war sehr gut.

Doch jetzt!
Jetzt klagt sie über Missbrauch.
Sie schreit: Vergewaltigung!
Sie schreit: Unrecht!
Sie schreit: Mord!
Sie schreit: Inzest!

❊❊❊❊

Ihre Brüste wurden dem Erdboden gleichgemacht,
ihre Haut von Granaten zerfetzt.

Jene, die bei ihr geblieben sind,
während ihr fort wart,
habt ihr mit einem Fluch belegt.

Ihr Blut wurde vergiftet,
ihre Lebenskraft ausgesaugt,
ihre Knochen geschwächt,
ihr Haar abgeschnitten und ausgerissen.

Sie wurde niedergetrampelt,
sie wurde misshandelt,
in ihrer Nacktheit
wurde sie zur Schau gestellt.

Wo ist eure Liebe?
Wo ist eure Dankbarkeit?

Würdet ihr so mit euren Geliebten umgehen?

Ja, ich kenne euch.
Wo seid ihr?
Was habt ihr gelernt?
Ich brauche euch jetzt,
und was tut ihr?

Törichtes Volk!

Stellt meine Geduld nicht auf die Probe.
Das Land wird schwächer,
je hochmütiger ihr werdet.
Seid ihr Heiler, dass ihr meint,
ihr würdet das Heilmittel kennen?
Sie war eure Geliebte,
macht sie nicht zu eurer Feindin.

Ihr, die ihr die Wege
eurer Väter verlassen habt,
um in das Land zurückzukehren,
ihr wart wahrhaftig die heiligen Arbeiter.

Doch wo seid ihr jetzt?
Warum habt ihr euer edles Ziel aufgegeben?
Wohin seid ihr entschwunden?
Was ist aus eurer Rechtschaffenheit
und eurer Hingabe an das Gute geworden?

Warum tut ihr nichts gegen die Ungerechtigkeit?
Warum vollbringt ihr keine guten Taten?
Ihr habt verraten, was eure Großeltern
für euch aufgebaut haben.

KINDER ISRAELS

Ich sehe euer selbstgefälliges Grinsen,
ihr, die ihr euer Haupt
mit falscher Frömmigkeit bedeckt.

Für was betet ihr?
Glaubt ihr, ich hörte euch nicht?
Ihr vergrabt euch in eurer Selbstgerechtigkeit.
Soll sie zu eurem Grabe werden!

Ihr sucht nach meinen Worten,
doch habt ihr den Sprecher
aus eurem Gedächtnis verloren.

Ihr sucht nach den Hinweisen,
doch liegen sie direkt vor euren Augen.
Seid ihr blind?
Hat das Studium meiner Tora
euch die Sehkraft genommen?

KINDER ISRAELS

Steht nicht geschrieben:
„Liebt mich von ganzem Herzen"?

Ich spüre eure Liebe nicht.

Glaubt ihr, ich habe eure Liebe nötig?
Ich möchte, dass ihr einander liebt!
Glaubt ihr, ich brauche eure Opfer?
Ich brauche euch!

Ich möchte, dass ihr euch
für die Welt hingebt,
ich möchte, dass ihr
für andere da seid.

Glaubt ihr, ich habe Freude
an eurer Vetternwirtschaft?
Versteht ihr denn nicht?
Es geht nicht um euch!
Jedes Geschöpf dieser Erde
ist mein Kind.

Wacht auf! Wacht auf!
Steht auf! Steht auf!

Ihr, die ihr weinend in den Tälern liegt,
steigt hinauf und singt
auf den Höhen der Berge!
Werft eure Dunkelheit von euch,
die Königin naht!

Glaubt ihr, ich plante ein neues Haus?[2]
Wer hat euch das gesagt?
Ich frage: „Wer hat euch das gesagt?"
Ihr antwortet: „Die alten Propheten."

Und ich sage euch:
Nehmt einen Maßstab
und messt die Größe eurer Herzen.
Wie hoch sind sie? Wie breit?
Stehen die Tore offen
oder sind sie fest verschlossen?

Die heilenden Wasser
werden aus euren Herzen fließen,
sie werden die Toten zum Leben erwecken,
sie werden die Länder bewässern
und die Kranken heilen.

---

[2] Der Tempel in Jerusalem. „Mein Haus soll ein Bethaus für alle
Völker heißen." (Jesaja 56,7)

Ihr müsst sie weiter ausgießen,
im Gebet, in Liedern und in Taten,
in meinem Namen.

Lasst die Wasser hervorsprudeln
und die Welt mit Frieden überfluten.

Die unteren Wasser werden sich
mit den oberen Wassern vereinen,
und ich werde bei euch sein.

Glaubt ihr, ich will eure Opfer?
Ihr wetzt eure Messer,
ihr verschleudert euer Gold.
Ihr blickt zum falschen Berg auf.
Ihr verehrt die falschen Götter.

Ihr glaubt, ich sei dort?
Ihr seid noch immer im Exil,
und deshalb gibt es keinen Platz für mich!

Kehrt zurück, meine Kinder,
kehrt zurück zum Zeichen[3].
Zeigt eurem Vater Treue,
erweist eurer Mutter Ehre.

---

[3] Das Wort „Zeichen" kann im Hebräischen mit „Zion" übersetzt
werden, hier wird also auf die Rückkehr nach Zion verwiesen.

Wir kennen euer Leid.
Doch seht, wie groß und stattlich ihr seid,
wie schön und majestätisch ihr ausseht!

Ihr seid gewachsen und reifer geworden,
ihr wart dem Schlimmsten ausgesetzt
und doch habt ihr überlebt.

Nun müsst ihr das Spielzeug eurer Kindheit
ein für alle Mal von euch werfen,
die Werkzeuge des Überlebens,
und für mich da sein.

Denn wo sonst läge der Sinn des Ganzen?

Jünger Jesu

Ich richte mein Auge auf die Jünger Jesu –
mein Botschafter der Erlösung.

O du mein treu ergebener Sohn,
du bist gestorben, damit andere leben können.
Wie mein Lamm Isaak hast du dich hingegeben.
Du hast deinen Hals hingehalten,
doch dieses Mal habe ich
die Klinge nicht zurückgezogen.

Du bist gestorben, damit andere
in meinem Namen leben können.
Du bist so kostbar für mich,
mein Sohn aller Söhne.

JÜNGER JESU

Du hast die Tora der Liebe gelehrt,
du hast die Kranken geheilt
und dein Mitgefühl verschenkt.
Du hast die Gefesselten befreit
und die Dunkelheit erhellt.

Du hast das verdorrte Gesetz
mit Tränen deines Herzens benetzt.
Du hast für die Unterdrückten gesorgt
und den Gefallenen aufgeholfen.

Ich habe dir den Tag
deines Todes angekündigt,
und ohne zu klagen
bist du ihm entgegengegangen.
Gemäß deiner eigenen Botschaft
bist du gestorben –
der Botschaft,
die ich dir eingehaucht habe.

JÜNGER JESU

Ich bin der Herr des Himmels
und der Erde.
Ich bin der Atem.
Ich bin das Fleisch
und ich bin die Seele.
Ich bin der Vater
und ich bin die Mutter.
Ich bin der Sohn
und ich bin die Tochter.
Ich bin der Vollkommene,
ich bin der Vergebende.

In dir habe ich von jeher gewohnt.
In dir wurde selbst der Tod überwunden.
Ich habe deine Wunden gepflegt,
und wie bei meinem ersten Knecht
habe ich selbst dir wieder Leben eingehaucht.

❧❧❧❧

Du lebtest,
du wandeltest auf der Erde,
du lehrtest.
Du hast bewiesen, dass ich
der Schöpfer allen Lebens bin.
Dass sich vor mir jedes Knie zu beugen
und jede Zunge auf meinen Namen zu schwören hat,
damit mein Wille dein Wille sein kann.

Du bist aufgefahren und warst nicht mehr,
doch deine Botschaft lebt weiter.

Du warst mein Gesalbter,
den ich für diese Aufgabe auserwählt hatte.
Du warst mein Gesalbter,
der diese Aufgabe auf sich genommen hat.
Du warst mein Gesalbter,
der für diese Aufgabe gelebt hat.

Du bist gesegnet,
und durch dich verbreitete sich mein Segen.
Darum wird die ganze Welt
von Herrlichkeit erfüllt sein.

JÜNGER JESU

Und ihr, die ihr an ihn glaubt:
Was habt ihr getan, törichtes Volk?

Ihr wart erfolgreich,
und doch habt ihr versagt.
Mein Name ist berühmt,
und doch auch verflucht.
Mein geliebter Sohn,
der aus Liebe gestorben ist,
was ist aus seiner Botschaft geworden?
Was habt ihr getan?

Wie konntet ihr euch nur so irren?
Das Kreuz ist zum Schwert geworden!
Habt ihr denn nicht verstanden?
Habt ihr denn nicht gehört?
Das Schwert hätte zum Kreuz werden sollen!

JÜNGER JESU

Stattdessen
ist der Erlöser zum Sensenmann geworden,
der Freundliche zum Grausamen,
der Sanftmütige zum Überheblichen,
der Arme zum Reichen,
der Liebende zum Hassenden,
der Geliebte zum Gehassten.

Weh mir! Wie konntet ihr den Weg
nur so aus den Augen verlieren?

Ihr glaubt, eure Seele sei wichtiger
als mein Name?
Der Sieg durch das Schwert sei wichtiger
als der Sieg durch die Liebe?

Weh mir! Die Erde schreit vor Schmerz.
Das Blut zahlloser Unschuldiger
dringt bis an die Pforten des Himmels.

Rot! Rot! Rot!
Die Flammen, die Folter,
die Schlagstöcke und Galgenstricke,
die Bomben und Peitschen.

Wie konntet ihr nur?
Wie konntet ihr nur das Leben
meines sanftmütigen Sohnes entweihen?
Meines vollkommenen Propheten?

Glaubt ihr, ich will eure Seele?
Ich will eure Liebe.
Ich will, dass ihr liebt.
Ich bin Liebe.

Ich will, dass ihr meine Schöpfung liebt.
Ich will, dass ihr alle Geschöpfe liebt,
groß und klein.

Das ist die Botschaft des Vaters.
Das ist die Botschaft des Sohnes.
Das ist die Botschaft der Tochter.
Das ist die Botschaft der Jünger.
Das ist die Botschaft der Umkehr.
Das ist die Botschaft des Schmerzes.
Das ist die Botschaft des Leibes.
Das ist die Botschaft des Blutes.

Was versteht ihr denn nicht?

JÜNGER JESU

Es ist mein Name,
nicht euer Name,
der errettet.

Ihr seid meine Kinder,
meine Knechte und Mägde.
Ich habe euch meinen geliebten Sohn gesandt,
doch noch immer weigert ihr euch,
euer Verhalten zu ändern.

Ihr habt eure Knie gebeugt,
doch seid ihr voller Hochmut.

Ihr betet, doch nur um eurer selbst willen.
Ihr erobert, doch nur um des Goldes willen.

Ihr verbreitet die gute Nachricht,
doch nur zu eurer eigenen Befriedigung.

Rettet meine Schöpfung, nicht eure Seelen!

Wie selbstsüchtig ihr seid!
Wacht auf! Wacht auf!
Denn die Pest wird über euch kommen!
Sie wird über euch kommen,
weil ihr sie hervorgerufen habt.
Findet auf den rechten Weg zurück,
neigt eure Häupter.

Tut Buße, sagt der Herr.
Kehrt um, sagt der Vater.
Mitgefühl, sagt der Sohn.
Liebe, sagt die Tochter.

Werft eure hasserfüllten Herzen von euch,
öffnet eure geballten Fäuste.

Tut, wie euer Herr euch geheißen:
Speist die Hungrigen,
kleidet die Nackten.
Liebt eure Feinde,
zerbrecht das Schwert.
Verwandelt den Tod in Leben.

Ich habe euch den Weg gezeigt,
doch ihr habt euch wie Kinder benommen,
die alles besser wissen.

In meinem Namen rufe ich nun dazu auf:
Tut Buße für euer Verhalten!
Kehrt um und legt Rechenschaft ab,
übernehmt die Verantwortung
für eure Sünden.

Wendet euch wieder mir zu
und ich werde mich euch wieder zuwenden,
und die Pest wird an euch vorübergehen.

⋘⋘⋘

O meine Kinder, weist mich nicht wieder zurück.
Seht euch um.
Mein Sohn wurde wieder getötet.
Seht ihr denn nicht?
Versteht ihr denn nicht?

Volk des Kreuzes,
schlag meine Warnung nicht in den Wind.
Volk der Schrift,
vergiss nicht.
Volk des Halbmonds,
hör auf die Worte meines Propheten.

Eine Triade des Glaubens wurde geformt,
die drei Fäden miteinander verflochten.
Aus dem Stamm erwuchsen drei starke Äste,
tief im Himmel verwurzelt.

Von oben her fließt der Lebenssaft zu,
von unten her das Licht meiner Propheten.

Ein heiliger Baum, ein Ort für alle,
um sich in seinem Schatten
zum Gebet zu versammeln.

Volk des Propheten

O Volk des Propheten!
Ich habe euch meine Namen gegeben.
Ich habe euch die heiligen Wege gelehrt.
Ich habe euch die Weisheit
zur Unterscheidung gegeben,
damit ihr die alten Wege verlasst.

Kinder des Propheten:
Nachkommen dessen, „der mich hört"
und „den ich hören werde"...[4]

Ihr habt die Wege eurer Väter verlassen,
ihr habt euch zu mir gewandt
und nur mich verehrt.

Ich habe euch gesegnet und euch Kraft gegeben.
Eure Feinde wurden in alle Winde zerstreut,
und mein Name breitete sich aus.

---

[4] Der Name Ismael bedeutet im Hebräischen „Gott erhört".

Ich habe euch den Mond gezeigt,
die milchige Sichel.
Barmherzigkeit und Rechtschaffenheit,
die Lehren meines Propheten.
Ich habe euch gesegnet
und euch Weisheit geschenkt,
und mein Wissen wurde durch euch weitergegeben.

Ihr seid die strahlende Armee Allahs![5]

Doch ihr seid zu weit gegangen.
Weh mir, meine Kinder des Wortes,[6]
ihr kanntet keine Grenzen.
Ich habe zu euch gerufen,
aber eure Ohren waren verstopft
von eurem Siegesgeschrei.

---

[5] „Allah" ist Arabisch für „Der Gott" (als Unterscheidung von jeg-
lichen anderen Göttern).

[6] Das hebräische Wort für Wüste ist Midbar, was wörtlich „Ort
des Wortes" bedeutet.

Die heilige Mondsichel wurde zu eurer Sense,
eure Schwerter färbten sich rot,
eure Gier wurde grenzenlos.

Kein anderer hat das Wort
so weit verbreitet wie ihr!
Mein Name, mein Wille wurden bekannt
in allen Landen.
Ihr habt eure Berufung erfüllt.

Ich habe mich an eurem Gehorsam erfreut,
ich wusste eure Ehrerbietung zu schätzen.
Als Dank für euren Kniefall
habe ich euch bei all eurem Tun gesegnet.

Doch ihr seid der Versuchung
eures eigenen Erfolgs zum Opfer gefallen.
Ihr habt euch gegen mich gewandt.
Ihr seid gefallen
und der Satan hat euch aufgefangen.
Weh mir! Ich weine über eure Blindheit
und Verderbtheit.

Die Äste des Heiligen Baumes
sind ineinander verschlungen:
Sie kämpfen miteinander um das Licht,
sie ringen miteinander um den Lebenssaft,
sie vergiften und zermalmen sich gegenseitig.

Warum? Warum?
Warum habt ihr es nicht unterbunden?
Habt ihr geglaubt, mein heiliger Bote
würde das gutheißen?

Selbstzufrieden habt ihr euch
in euren aufgeplusterten Kissen
zurückgelehnt und die Macht,
die ihr von den Armen genommen habt,
genossen.

Ich habe euch die Vielzahl meiner Namen offenbart.
Für die Ein-heit meiner Existenz
seid ihr eingestanden,
die Götzenbilder habt ihr zerschmettert,
die Abbilder habt ihr verbannt,
doch habt ihr ein Götzenbild
aus meiner Bildlosigkeit gemacht!

In eurem Glauben seid ihr arrogant geworden.
In eurem Gehorsam seid ihr stolz geworden.

Jünger des Gesandten, ich fordere euch auf:
Nehmt diese Botschaft zu Herzen!
Zerreißt die Fesseln der Gefangenen!
Zerschlagt die Ketten der Versklavten!
Zieht in den heiligen Krieg
gegen unheilige Extreme!

Zügelt euch und legt eure Schwerter nieder.
Die Ungläubigen sind nicht mehr,
nur Brüder und Schwestern sind übrig.

Öffnet eure Herzen und seht,
öffnet eure Augen und begreift –
die Welt braucht euch.

Doch nicht aufgrund eures Zorns,
nicht aufgrund eurer Selbstgerechtigkeit,
nicht aufgrund eures Hasses,
nicht aufgrund eurer Gewalt,
nicht aufgrund eurer Eroberungen.

Die Welt braucht euch
aufgrund eurer Lauterkeit,
aufgrund eurer Überzeugungskraft,
aufgrund der Weisheit eurer Weisen,
aufgrund der Liebe eurer Dichtkunst,
aufgrund der Klarheit eurer Visionen,
aufgrund der Demut eures Wesens,
aufgrund der Worte meines Propheten.

Lasst nicht zu, dass der Name des Propheten
zum Fluch wird.
Lasst nicht zu, dass der heilige Koran
zum Hohn wird.

Lasst nicht zu,
dass die großartige Erklärung meiner Ein-heit
zu einer Quelle der Angst
und des Hasses unter den Völkern wird.

Das ist nicht mein Weg.
Das ist nicht mein Wille.

Erinnert euch: Islam ist *Salam*, Frieden.

Jerusalem

Jerusalem ist der Stamm,
ihr drei seid miteinander verwachsen.
Jerusalem ist das Herzstück,
das ihr drei miteinander teilt.
Wenn ihr um Jerusalem kämpft,
kämpft ihr um mich!

Wenn ihr um mich kämpft,
kämpft ihr um meinen Willen.
Wenn ihr um meinen Willen kämpft,
verliert ihr.

Jerusalem ist das Geheimnis,
Jerusalem ist die Seele.
Jerusalem ist die Auserwählte.
Jerusalem Abrahams, des Vaters.
Jerusalem Jesu, des Sohns.
Jerusalem Mohammeds, des heiligen Boten.

Der Baum soll blühen,
die Früchte sollen wachsen.
Die Fülle soll reifen und geerntet werden,
damit sich alle daran laben können!

Hört, meine Kinder, hört:
Die Zeit ist gekommen.
Ich habe euch an meiner Brust genährt
und gesehen, wie ihr aufwuchst.
Ich habe eure Hand gehalten,
als ihr eure ersten Schritte getan habt.
Ich habe euch eure ersten Worte gelehrt
und euch auf eurem Weg geführt.

Ich habe mich zurückgezogen,
um euch Raum zu geben;
ich habe euch ermöglicht,
zu wachsen und zu reifen.

JERUSALEM

Ich habe euch mein Versprechen gegeben,
ich habe euch meinen Namen gegeben.

Viel habt ihr verspielt,
aber nie habt ihr alles verloren.

Immer wieder seid ihr
zu der geheimen Vorratskammer zurückgekehrt.
Ich habe zugeschaut,
als ihr eure Fehler gemacht habt,
als ihr die falschen Wege eingeschlagen habt.
Ungeduldig habe ich auf den Tag gewartet,
da ihr zur Reife gelangt.

Höre, o Volk meines Namens:
Jetzt ist die Zeit gekommen.
Ob ihr zustimmt oder nicht,
ob ihr bereit seid oder nicht,
auf diesen Augenblick habe ich euch vorbereitet.

Wie eifersüchtige Geschwister
zankt ihr um meine Liebe.
Wie engstirnige Tyrannen
klammert ihr euch an eure Macht.

Wisst ihr es denn immer noch nicht?
Habt ihr es noch immer nicht begriffen?
Ich bin der Herr der Macht.
Ich bin der Hüter des Reichtums.
Es ist nicht an euch, ihn zu hüten.
Es ist nicht an euch, ihn zu verprassen.
Es ist nicht an euch, ihn zu besitzen.

Denn jedem von euch habe ich
seinen Anteil zugewiesen,
zu geben und zu teilen,
zu pflegen und zu heilen
und meinen Namen zu ehren.

JERUSALEM

Ihr kämpft denselben Kampf,
ihr verteidigt dieselbe Sache.
Ihr alle seid auf derselben Seite!
Das ist die Wahrheit.

Ihr! Die größten unter meinen Kindern,
ihr habt meinen Erstgeborenen
unermessliches Leid zugefügt.

Ihr! Die Nächstgrößten,
auch ihr habt euch
an dieser unseligen Tat beteiligt.

Und ihr! Die Ältesten von allen,
ihr übt an den Schwächsten Rache.

Das muss ein Ende haben – sofort!

Meine Kinder sollen einander
keine Schmerzen zufügen.

Jene unter euch,
die Ohren haben, um zu hören,
Augen, um zu sehen,
und Herzen, um zu fühlen,
wisset, dass sich die Unwetter des Krieges
abermals zusammenbrauen.

Bruder gegen Bruder,
Schwester gegen Schwester,
Kain gegen Abel.
Kraft gegen Kraft,
Macht gegen Macht,
Schwert gegen Schwert.

Sie ziehen ihre Streitmächte zusammen,
und Jerusalem ist das Zentrum.

JERUSALEM

Die Kinder meines Sohnes
gegen die Kinder meines Propheten,
die Kinder Israels in der Mitte.

Die Kinder Abrahams,
des großen Segenspenders,
werden wieder kämpfen.
Sie werden um mich kämpfen!
Sie werden im Namen des Vaters kämpfen.

Kinder, genug!
Das ist nicht mein Wille.
Das ist nicht mein Weg.

Hört, ihr Aufständischen:
Ich habe euch mit den Wegen des Friedens gesegnet,
aber die Wege des Krieges haben euch verflucht.

Jene, die noch immer
die Worte des Herrn vernehmen, hört:
Lehrt euer Volk,
erzählt ihm von der Falschheit seiner Wege.
Betet um Frieden,
bemüht euch um Rechtschaffenheit,
setzt dem Hass, dem blinden Eifer,
der Selbstverherrlichung ein Ende.

JERUSALEM

Seid demütig bei all eurem Tun.
Fürchtet einander nicht,
denn die Friedensstifter sollen gesegnet sein.
Reißt die Mauern nieder.
Reicht euch als Brüder und Schwestern die Hände.

Eint eure Stimmen,
betet in euren Sprachen
zum Gott der Gnade und des Friedens.
Zeigt mir, dass es euch nicht gleichgültig ist.
Beweist mir, dass ihr es begriffen habt.
Zeigt, dass euch eure Heimat lieb ist.

Eine neue Zeit

Hört, ihr Kinder *Adamas*, und wisst:
Ich übergebe euch eine neue Zeit.
Einen neuen Abschnitt,
einen neuen Bund.
Einen neuen Pfad,
eine neue Geschichte.
Einen neuen Anfang,
eine neue Fortsetzung
einer alten Botschaft.

Ein Samen wird im Mutterleib zur Form
und die Form gleicht zunächst einem Fisch,
und der Fisch wird zum Kriechtier,
und das Kriechtier zu einem Ebenbild *Adams*.

Ein Neugeborenes wird zum Kind
und ein Kind zum Jüngling
und ein Jüngling
verliert leicht seinen Weg aus den Augen
und schweift weit umher,
um seine Unschuld und sein Bewusstsein
zu verlieren.

Und der Jüngling wird zum Mann
und der Mann ringt im Dunkeln
und stirbt in Einsamkeit und Unwissenheit,
wenn er sich nicht dem Licht zuwendet.

Denn im Licht reift der Mann zum Menschen,
hellwach und scharfsichtig.
Voller Freude und Staunen!
Innig und voller Liebe!
Andächtig und verspielt!
Erleuchtet und Licht!
In der Gegenwart und gegenwärtig!

So war es und wird es immer sein.
Vom Anbeginn der Zeit bis zum heutigen Tag.

Er kannte seinen Platz unter den Geschöpfen,
und es kam die Zeit, erwachsen zu werden.
Denn ich verlange mehr von meinen Kindern.

Sein Verstand wurde größer
und sein Bewusstsein wuchs,
und er wollte mehr und mehr und mehr...
Er verließ die alten Wege
und versuchte allein,
sich selbst zu finden.
Und der alte Weg wurde getötet[7]
und in der *Adama* verscharrt.

Adam wandte sich gegen die *Adama*,
um sie zu bekämpfen.
Und er wuchs
und breitete sich aus
und eroberte
und zerstörte.

[7] Hinweis auf die Ermordung Abels durch seinen Bruder Kain,
so wie sie in Genesis 4,8 geschildert wird.

Und er bepflanzte
und erntete und wässerte
und bevölkerte die Oberfläche der *Adama*.
Adam kehrte mir den Rücken zu
und zeigte mir nicht sein Gesicht,
sondern vergaß mich.

Ich schrie auf,
doch er schenkte mir keine Beachtung,
mein Kind verließ mich,
um erwachsen zu werden.

Doch auch ich pflanzte einen Samen
unter meinen jugendlichen Kindern,
ein Geschenk, dem sie sich zuwenden können,
wenn sie ihre Jugend hinter sich gelassen haben
und zu Männern und Frauen herangereift sind.

EINE NEUE ZEIT

Und immer wenn diese Männer und Frauen,
meine Kinder,
bereit waren, heimzukehren
zum Haus ihres Vaters,
zum Haus ihrer Mutter,
erblickten sie das Geschenk des Baumes,
den ich in ihrer Jugend
unter ihnen gepflanzt hatte.

Die Früchte des Baumes riefen ihnen
den Heimweg ins Gedächtnis,
den Weg zurück zu mir,
den Weg vorwärts ... zurück zu mir.

Und sie sollen das *Dam*, das Blut
von ihren Händen abwischen,
und sie sollen sich umdrehen –
Adam zu *Adama*,
Isha, Frau, zu *Aish*, Feuer –
und sich wieder in die Augen blicken.

Und der Drang zu erobern
und das Verlangen nach mehr und mehr
und die Angst
und die Einsamkeit
und die Furcht
und das Leid
und die Qual
und die Verschwendung
und die Eitelkeit
und die Selbstsucht
und der Hass
sollen ein ENDE haben.

Und alles Wissen
und alle Erfahrung
und aller Reichtum
und alle Fähigkeiten
und alle Schaffenskraft
und alle Stärke,
und aller Einfallsreichtum
werden zu Werkzeugen des Guten,
der Güte
und der Menschenliebe.

Und alles Nehmen wird sich in Geben verwandeln,
und alle Armen werden gespeist werden,
und alle Obdachlosen werden Schutz finden,
und alle Kranken werden gesund werden,
und alle Müden werden Ruhe finden.

Und die Bedrohlichen werden aufhören,
die Ängstlichen zu quälen,
und die Ängstlichen werden aufhören,
sich vor den Bedrohlichen zu fürchten,
und die Hände der Unschuldigen
werden unversehrt bleiben,
und die Schlangen werden nicht länger
in Versuchung führen.

Die Waffen des Todes werden sich
in Leben verwandeln,
die Menschen werden wie Kinder sein,
die den Unterschied zwischen Gut und Böse kennen
und zwischen Wahrheit und Unwahrheit
zu unterscheiden wissen.
Die Herzen meiner Kinder
werden sich mir zuwenden
und mein Herz wird sich meinen Kindern zuwenden.
Freude wird das Land erfüllen
und *Adama* wird in Frieden ruhen.

Im ganzen Land verkünde ich:
eine neue Zeit,
eine neue Ära,
eine neue Epoche.
Viele haben gehört,
viele sind erwacht.
Die heilige Königin[8] kehrt zurück.
Sie sucht nach reinen Herzen,
um in ihnen Wohnstatt zu nehmen.

Dies ist die Zeit für ein neues Lied,
einen neuen Atemzug.

Schaut euch um und seht.
Ist es nicht klar?
Ein neues Tor hat sich geöffnet.
Es bittet euch herein.

---

[8] Verweis auf die Schechina – den weiblichen Aspekt des Göttlichen, der dieser Dimension innewohnt.

Ein neues Tor hat sich geöffnet
und es ist kein Tor des Krieges.

Kehrt dem Tor nicht euren Rücken zu,
denn es ist für euch geöffnet.

Es ist ein neues Tor:
ein Tor des Miteinanders,
ein Tor des Teilens,
ein Tor des Gebens,
ein Tor der Ruhe,
ein Tor des Friedens,
ein Tor der Fülle,
ein Tor der Bestimmung,
ein Tor der Wiedergutmachung,
ein Tor der Heilung,
ein Tor der Hoffnung.

Der ganze Leib

O Völker *Adamas*:
Jedes von euch ist Teil des Erdenleibs,
„denn aus Staub wurdet ihr geformt"[9].
Jedes von euch ist Teil des himmlischen Geistes,
„denn ich hauchte euch meinen Atem ein"[10].
Ihr seid eins und miteinander vereint.

Ihr seid Kinder der *Adama*.
Ihr seid Brüder, im Geiste vereint,
ihr seid Schwestern, vereint in der Tat,
ihr seid alle Teil des Ganzen.

Gleich den Organen eines Körpers
ist jedes Volk wie ein Organ –
unabdingbar für das Überleben des Leibs.

[9] Genesis 2,7
[10] Ibid.

Gleich den Zellen eines Körpers
ist jeder Mensch wie eine Zelle.
Verschiedene Organe
mit unterschiedlichen Zellen,
verschiedene Völker
mit unterschiedlichen Menschen,
und wie jede Zelle
dasselbe Wissen in sich trägt,
wohnt jedem Menschen
derselbe Geist inne.

Der ganze Leib –
der Leib Israels – Knesset Israel,
der Leib Christi – die Kirche,
der Leib des Islams – die Umma.

Jeder entsprechend seinen Fähigkeiten,
jeder entsprechend seiner Mission,
jeder entsprechend seiner Bestimmung.
Jeder entsprechend
seiner Tora, seiner Bibel, seinem Koran.

Der ganze Leib

Und wisset, dass der ganze Leib
viel mehr enthält:
jedes ein unverzichtbares Organ,
jedes ein unerlässlicher Bestandteil.

Die Völker des Ostens
und die Völker des Westens.
Die Völker des Nordens
und die Völker des Südens.

Alle Wege sind Wege des lebendigen Gottes,
solange sie Wege des Friedens sind.

Adam, Adama, Dam – Mensch, Erde, Blut.
Denn der Geist ist im Blut,
und das Blut vereint die Organe,
und das Blut belebt den Leib.
Denn das Blut ist der Botschafter,
und das Blut ist der Überbringer,
das Blut ist der Heiler,
und das Blut ist das Feuer.
Denn der Geist ist im Blut.

Macht euch stark, ihr Zellen,
und ihr werdet euer Organ stark machen.
Macht euer Organ stark,
und ihr werdet euren Weltenleib stark machen.

Denn jedes ist ein Spiegelbild des anderen:
Wie unten, so oben.
Wie innen, so außen.
Wie gestern, so morgen.
Wie einer, so alle.

DER GANZE LEIB

Läutert euer Blut und macht euch stark.
Läutert eure Organe und steigert eure Lebenskraft.

Esst gesund!
Trinkt gesund!
Wisst gesund!
Bewegt euch gesund!
Schlaft gesund!
Arbeitet gesund!
Spielt gesund!
Atmet gesund!
Lernt gesund!

Seid ein Spiegelbild allen Lebens.
Denn wenn euer Leib leidet, leidet mein Bild.

Denn ich habe euch vollkommen geschaffen.

Schützt und heiligt das Geschenk des Lebens,
das ich euch gegeben habe.
Schützt und heiligt den Ort der Begegnung
zwischen Himmel und Erde.

Denn ich habe den Himmel und die Erde geschaffen
und in euch gepflanzt.
Denn der Geist fließt in der *Adama*
und der Leib gibt der Seele Form.

Das ist mein Geschenk an euch –
und das ist euer Geschenk zurück an mich.

Darum sei es: wie unten, so oben.
Die Wasser, die aus dem Garten fließen,
sind das Blut der Erde.

In ihnen liegt
der Geist und die Kraft des Lebens.[11]
Denn jedes Geschöpf beugt sein Haupt,
um von den Wassern des Lebens zu trinken,
und wie das Blut fließt,
so fließen die Wasser.

Und jedes Geschöpf ist eine Zelle,
und jede Zelle ist kostbar,
und jede Art ist ein Organ,
und jedes Organ ist wichtig.

Und die Luft ist mein Atem,
der *Ruach,* der Geist[12] des Lebens.
Denn der Geist schwebt über den Wassern,
wie der Atem über dem Blut schwebt.

Atmet und wisst,
atmet und erkennt,
atmet und lebt!

---

[11] Verweis auf Deuteronomium 12,23.
[12] Siehe Genesis 1,2.

Kinder Abrahams:
Ihr seid meine heiligen Botschafter.
Gebt eure Botschaften weiter –
übergebt sie dem Blutstrom,
lasst sie in alle Glieder fließen.
Lasst sie heilen,
lasst sie pflegen.
Lasst jedes Organ in sich aufsaugen,
was es braucht.
Lasst die Gifte aus dem Körper hinausfließen.
Lasst die Erneuerung zu,
lasst die Zellen nachwachsen.
Lasst das Krebsgeschwür verenden,
lasst die Heilung beginnen.

Jeder von euch ist ein Botschafter,
jeder von euch ist krank.
Jeder von euch muss geben,
jeder von euch muss nehmen.
Jeder von euch muss heilen,
jeder von euch muss geheilt werden.

Es gibt keine Ausnahme.
Es gibt kein Höher,
es gibt kein Tiefer.
Es gibt kein Besser,
es gibt kein Schlechter.

Wisset:
Sollte diese Welt enden,
endet auch ihr.

Denn wenn diese Welt fällt,
werdet ihr alle fallen.

Glaubt nicht, ihr wäret besser.
Glaubt nicht, ihr bliebet verschont.
Glaubt nicht, ich liebte euch mehr.
Glaubt nicht, ihr wäret rechtschaffener.
Denn wenn der Leib infiziert ist,
leiden alle Glieder.
Und wenn der Leib stirbt,
überlebt nur der Virus.

DER GANZE LEIB

Ich sage euch – Hüter des Lichts:

Löst euch von eurer Überheblichkeit,
löst euch von eurer Falschheit.
Löst euch von euren Lügen,
löst euch von euren Missetaten.
Löst euch von eurer Überlegenheit,
löst euch von eurer Schikane,
löst euch von eurer Opferrolle.
Löst euch von eurer Eifersucht,
löst euch von eurem Hass,
löst euch von eurem Konkurrenzdenken.

Denn ihr alle seid meine geliebten Kinder!

Töchter des Lebens,
Söhne des Blutes

Ich richte meine Augen
auf die Söhne *Adams*
und die Töchter *Evas*.

O Töchter des Lebens:
eure Zeit ist gekommen.
Die Erde schreit zu euch,
hoffnungsvoll richten die Kinder
ihre Augen auf euch.

Weinend flehen die Wasser um Erneuerung,
röchelnd bittet die Luft euch um Reinigung.

O Töchter des Lebens:
Macht euch bereit,
denn eure Stunde ist gekommen.

Zu lange wart ihr zum Schweigen verdammt,
zu lange habt ihr euch in Schweigen gehüllt,
zu lange wurdet ihr unterdrückt,
zu lange habt ihr die Unterdrückung erduldet,
zu lange wurdet ihr an den Rand gedrängt.

O Töchter des Lebens:
Ihr seid die Trägerinnen der Weisheit,
die Brutstätten der Erkenntnis.

O Töchter des Lebens:
Ihr geht mit dem Wandel schwanger.
Ihr spürt meine Gegenwart –
ihr tanzt in ihrem Rhythmus,
ihr singt mit ihrer Pracht,
ihr seid erfüllt von ihrem Verlangen.

Die Königin kehrt zurück
und die Mägde bereiten sich vor.
Schwestern, erwacht!

Denn die Äonen des Ungleichgewichts
gehen zu Ende.
Der Schmerz und das Leid sind vorüber,
denn der Missbrauch und die Verachtung
werden nicht mehr sein,
die Unterdrückung und die Verdrängung
werden aufgehoben.

Zeigt euch in majestätischem Glanz:
die Kraft und das Mitgefühl,
die Sanftheit und die Entschlossenheit,
die Weisheit und die Intuition,
das Wissen und das Strömen.

Die Besitzerinnen
ungeschriebener Schriften,
die Bewahrerinnen
einst gesprochener Worte,
einst bekannter Wahrheiten,
einst geübter Rechtschaffenheit.

Ihr, die ihr den Schmerz des Lebens ertragt,
werdet es sein, die die Harmonie des Lebens
wieder ins Gleichgewicht bringt.

Ihr, die ihr die Neugeborenen säugt,
müsst nun geben um der Neugeburt willen.
Denn die Milch eurer Brüste
ist das Weiß des Mitgefühls,
ist die Liebe des Lebens,
ist die Nahrung des Geistes,
ist das Elixier der Heilung,
ist der Wein der Königin.

O Söhne *Adams*, tretet zur Seite.
Eure Zerstörung ist tief.
Eure Arroganz ist übermächtig.
Euer Blick ist getrübt.

Tretet zur Seite
und erweist eure Ehre,
tretet zur Seite
und zeigt euren Respekt.
Tretet zur Seite
und seid zu Diensten,
tretet zur Seite
und hört zu.

Denn die Zeit ist gekommen,
da der Mond erstrahlt,
da die Königin kommt,
da sich die Schwestern vereinen,
da die Heilung beginnt.

Tretet zur Seite, Söhne *Adams*,
auf dass die Erneuerung beginne,
auf dass der Mond so hell erstrahle
wie die Sonne am Himmel.

Macht Platz,
damit aus zweien Eins werde,
auf dass das Gleichgewicht
wiederhergestellt werde,
auf dass Männer und Frauen
gemeinsam herrschen.

Als König und Königin unten,
als König und Königin oben.

Hört auf die Stimme eurer Schwester.
Hört auf die Weisung eurer süßen Liebe.
Hört auf den Rat eurer Mutter.
Hört auf den Klang des lebendigen Geistes.

Denn sie wissen, was ihr nicht wisst,
und sie verstehen, was ihr nicht versteht.
Sie sehen, was ihr nicht seht,
und sie hören, was ihr nicht hört.
Sie fühlen, was ihr nicht fühlt,
und sie spüren, was ihr nicht spürt.

O Töchter des Lebens und Söhne des Blutes,
eure Kinder flehen um eine Zukunft.

Was ich von euch verlange?

Ich sende euch meine Liebsten,
doch ihr weist sie zurück.
Ich sage euch:
Hört auf die Worte meiner Boten
und ändert euren Kurs!

Ihr steht am Abgrund.

Zwei Wege liegen vor euch:

Wählt das Leben!

Meine heilige Königin des Sabbats,
gekrönt noch vor dem Anbeginn der Zeit,
erwartet euch.

Der heilige Sabbat
des Friedens und der Harmonie,
der heilige Sabbat
der Zufriedenheit und der Gleichheit.

Der heilige Sabbat der Fülle und des Teilens,
der große Sabbat der heiligen Erkenntnis.

Denn ich bin euer Schöpfer
und die Erde und all ihre Geschöpfe sind mein.

Lasst los,
beendet den Kampf.

Wählt das Leben!

Aus Liebe habe ich
euch diese Welt geschenkt.
Aus Liebe habe ich
euch den Himmel geschenkt.
Aus Liebe habe ich
euch die Meere geschenkt.

Aus Liebe habe ich
euch das Land geschenkt.
Aus Liebe habe ich
euch die Pflanzen und Bäume,
die Vögel und Insekten geschenkt,
die Reptilien und Säugetiere.

Aus Liebe habe ich
euch Hände und Füße geschenkt.

Seht und fühlt,
wie meine Liebe
durch all diese Dinge fließt.

Öffnet eure Herzen
für meine Liebe,
die euch umgibt,
lasst euch einhüllen
von meiner Fürsorge,

jetzt!

Erwidert die Liebe!